THE WEAPONS ENCYCLOPÆDIA
TANK AIRCRAFT AFV SHIP ARTILLERY VEHICLES SECRET WEAPON

TWE-036 ITA

CARRO LEGGERO POLACCO 7TP

THE WEAPONS ENCYCLOPAEDIA

EDITORIAL STAFF
Luca Cristini, Paolo Crippa.

REDAZIONE ACCADEMICA
Enrico Acerbi, Massimiliano Afiero, Aldo Antonicelli, Ruggero Calò, Luigi Carretta, Flavio Chistè, Anna Cristini, Carlo Cucut, Salvo Fagone, Enrico Finazzer, Arturo Giusti, Björn Huber, Andrea Lombardi, Aymeric Lopez, Marco Lucchetti, Gabriele Malavoglia, Luigi Manes, Giovanni Maressi, Francesco Mattesini, Daniele Notaro, Péter Mujzer, Federico Peirani, Alberto Peruffo, Maurizio Raggi, Andrea Alberto Tallillo, Antonio Tallillo, Roberto Vela, Massimo Zorza.

PUBLISHED BY
Luca Cristini Editore (Soldiershop), via Orio, 35/4 - 24050 Zanica (BG) ITALY.

DISTRIBUTION BY
Soldiershop - www.soldiershop.com, Amazon, Ingram Spark, Berliner Zinnfigurem (D), LaFeltrinelli, Mondadori, Libera Editorial (Spain), Google book (eBook), Kobo, (eBoook), Apple Book (eBook).

PUBLISHING'S NOTES
None of unpublished images or text of our book may be reproduced in any format without the expressed written permission of Luca Cristini Editore (already Soldiershop.com) when not indicate as marked with license creative commons 3.0 or 4.0. Luca Cristini Editore has made every reasonable effort to locate, contact and acknowledge rights holders and to correctly apply terms and conditions to Content. Every effort has been made to trace the copyright of all the photographs. If there are unintentional omissions, please contact the publisher in writing at: info@soldiershop.com, who will correct all subsequent editions.

LICENSES COMMONS
This book may utilize part of material marked with license creative commons 3.0 or 4.0 (CC BY 4.0), (CC BY-ND 4.0), (CC BY-SA 4.0) or (CC0 1.0). We give appropriate attribution credit and indicate if change were made in the acknowledgments field. Our WTW books series utilize only fonts licensed under the SIL Open Font License or other free use license.

CONTRIBUTORS OF THIS VOLUME & ACKNOWLEDGEMENTS
Ringraziamo i principali collaboratori di questo numero: I profili dei carri sono tutti dell'autore. Le colorazioni delle foto sono di Anna Cristini. Ringraziamenti particolari a istituzioni nazionali e/o private quali: Stato Maggiore dell'esercito, Archivio di Stato, Bundesarchiv, Nara, Library of Congress, Wikipedia, USAF, Signal magazine, Cronache di guerra, Fronte di guerra, IWM, Australian War Museum, ecc. A P.Crippa, A.Lopez, Péter Mujzer, L.Manes, C.Cucut, archivi Tallillo. Model Victoria (www.modelvictoria.it) ecc. per avere messo a disposizione immagini o altro dei loro archivi. Un ringraziamento speciale a tutti i modellisti, ai loro club, alle aziende di modellismo per l'uso courtesy delle loro immagini. Nel limite del possibile inseriremo sempre i nomi degli autori. Vi preghiamo di segnalarcelo nel caso non si sia riusciti ad individuarlo.

For a complete list of Soldiershop titles, or for every information please contact us on our website: www.soldiershop.com or www.cristinieditore.com. E-mail: info@soldiershop.com. Keep up to date on Facebook https://www.facebook.com/soldiershop.publishing

Titolo: **CARRO LEGGERO POLACCO 7TP** Code.: **TWE-036 IT**
Collana curata da L. S. Cristini
ISBN code: 979-12-5589-2175 Prima edizione marzo 2025
THE WEAPONS ENCYCLOPAEDIA (SOLDIERSHOP) is a trademark of Luca Cristini Editore

THE WEAPONS ENCYCLOPÆDIA
TANK AIRCRAFT AFV SHIP ARTILLERY VEHICLES SECRET WEAPON

CARRO LEGGERO POLACCO 7TP
DAL BRITANNICO VICKERS MARK E ALLA VERSIONE NAZIONALE

LUCA STEFANO CRISTINI

BOOK SERIES FOR MODELLERS & COLLECTORS

INDICE

Introduzione .... Pag. 5
- Dal Vickers Mk. E inglese al 7TP polacco .... Pag. 5
- Storia e sviluppo del carro leggero polacco .... Pag. 9
- Le prime migliorie polacche .... Pag. 11
- Verso il carro definitivo 7TP .... Pag. 13

Caratteristiche tecniche .... Pag. 21

Le Versioni dei mezzi .... Pag. 23
- Le varianti dei Vickers A e B .... Pag. 25
- Il trattore d'artiglieria G7P .... Pag. 28
- Altri derivati .... Pag. 36

Impiego operativo .... Pag. 41
- Le operazioni operative d'anteguerra .... Pag. 41
- La campagna del 1939 .... Pag. 47

Mimetica e segni distintivi .... Pag. 55

Altri utilizzatori e scheda tecnica .... Pag. 57

Periscopio Gundlach .... Pag. 59

Bibliografia .... Pag. 70

▲ Unica ricostruzione nota di un 7TP polacco utilizzando parti di vari esemplari, poi assemblati insieme ed esposto al Muzeum Polskiej Techniki Wojskowej nel 2015. Wiki cc3.

INTRODUZIONE

◼ DAL VICKERS MK. E INGLESE AL 7TP POLACCO

Il 7TP fu un carro armato leggero progettato e prodotto in Polonia, utilizzato principalmente durante le prime fasi della Seconda Guerra Mondiale per contrastare l'invasione tedesca. Ricordiamo che negli anni Trenta del secolo scorso, la Polonia disponeva di una forza corazzata limitata, composta esclusivamente da carri leggeri, considerati fino ad allora adeguati. Tuttavia, le crescenti tensioni con la Germania spinsero i vertici militari polacchi ad accelerare la meccanizzazione dell'esercito.

A conseguenza di ciò, nel 1931, la Polonia ordinò 50 carri armati Vickers Mk. E da sei tonnellate dal Regno Unito, veicoli leggeri da 7 tonnellate che, pur non essendo particolarmente apprezzati dall'esercito britannico, ebbero un discreto successo commerciale all'estero e furono venduti dalla Vickers-Armstrong a vari Paesi, spesso accompagnati da una licenza di produzione.

Tra il 1932 e il 1933, la Polonia ricevette i primi 16 carri armati con doppia torretta (Modello A) e 22 modelli con torretta singola (Modello B), mentre i restanti 12 rimasero nel Regno Unito come parte del pagamento per la licenza e raggiunsero successivamente gli altri in forma smontata. I carri a doppia torretta erano armati con due mitragliatrici Ckm wz. 25 Hotchkiss da 7,92 mm, mentre quelli a torretta singola montavano un cannone da 47 mm e una mitragliatrice Browning wz. 30 da 7,92 mm.

Dopo la consueta serie di test, l'ufficio tecnico della PZI, su richiesta dell'esercito, sviluppò un programma chiamato VAU-33 (Vickers-Armstrong-Ursus 33), con l'obiettivo di creare ex-novo carri armati a torretta singola o doppia a partire proprio dal design del Vickers Mk. E Modello A.

Le due versioni erano familiarmente denominate dai soldati polacchi con le sigle "dw" e "jw", abbreviazioni delle parole polacche "dwuwieżowy" (doppia torretta) e "jednowieżowy" (torretta singola), anche se questa forma non fu mai utilizzata ufficialmente dalle fonti polacche o dall'esercito. Nei primi anni il modello standard era quello a doppia torretta, ma sia questo che quello a torretta singola da allora vennero comunemente indicati con il nome 7TP, completando così questa strana transizione.

▲ Un carro leggero inglese Vickers Mk E, progenitore di tutta la creazione dei carri polacchi delle serie 7TP.

In sostanza, il 7TP rappresentò l'evoluzione polacca del carro armato britannico. Le differenze rispetto al modello originale sono che il 7TP introdusse diverse migliorie, tra cui un motore diesel più potente e affidabile, un cannone anticarro da 37 mm, una corazzatura frontale più spessa (17 mm invece di 13 mm), un sistema di ventilazione modificato, il periscopio nazionale *Gundlach* e l'installazione di una radio. Tra il 1935 e l'inizio della guerra, furono costruiti circa 132 esemplari, che andarono ad aggiungersi ai 50 "inglesi", oltre a quattro prototipi realizzati in ferro. Il nome "7TP" stava per "7 tonnellate, polacco", sebbene il peso effettivo del carro aumentò fino a 9 tonnellate rispetto al prototipo iniziale.

Sebbene il 7TP sia spesso ritenuto il primo carro armato diesel di produzione al mondo, questo primato spetta in realtà al giapponese Tipo 89B I-Go Otsu, equipaggiato con un motore diesel già a partire dal 1934. Un altro contendente in tale gara fu il Tipo 95 Ha-Go, anch'esso prodotto in serie dal 1935 e considerato il primo carro armato progettato specificamente con un motore diesel.

Come il Vickers Mark E, anche il 7TP fu inizialmente prodotto in due versioni: una a doppia torretta, armata con due mitragliatrici Ckm wz.30, e una a torretta singola, dotata di un cannone Bofors da 37 mm wz.37. Tuttavia, durante i test emerse che la variante a doppia torretta era ormai obsoleta e carente in termini di potenza di fuoco, portando alla sua progressiva sostituzione con il modello a torretta singola. Prima dello scoppio della Seconda Guerra Mondiale, la maggior parte dei carri a doppia torretta furono definitivamente convertiti nella versione a torretta singola, lasciando solo 24 esemplari a doppia torretta in servizio, contro circa 108 dell'altro tipo.

Nel 1938, la Państwowe Zakłady Inżynierii sviluppò anche 13 prototipi di una versione migliorata e meglio corazzata del 7TP, denominata 9TP. Sebbene questo modello non entrò mai in produzione di massa, i prototipi furono comunque impiegati durante la disperata difesa di Varsavia nel settembre 1939.

▲ Il carro leggero polacco, qui nella versione inglese con due torrette, aveva un equipaggio di tre persone, con il comandante e il mitragliere secondario situati nelle due torrette. Il pilota era seduto in basso sul lato destro dello scafo.

◀ 1932: carri armati Vickers polacchi in costruzione in Inghilterra. L'esercito polacco ha espressamente richiesto che non venisse fornito alcun armamento. (AP)

▲ L'interno degli stabilimenti PZI di produzione del carro 7TP. Archivio polacco (AP). Sopra a destra: un Vickers del tipo con due torrette durante i test (AP). In alto a sinistra: parata di carri Vickers Mk. E polacchi. Sullo sfondo, a destra, il prototipo Vickers equipaggiato e collaudato con apparecchiature radio.

CARRO LEGGERO POLACCO 7TP

CARRO LEGGERO VICKERS MK. E A DUE TORRETTE, POLONIA 1933

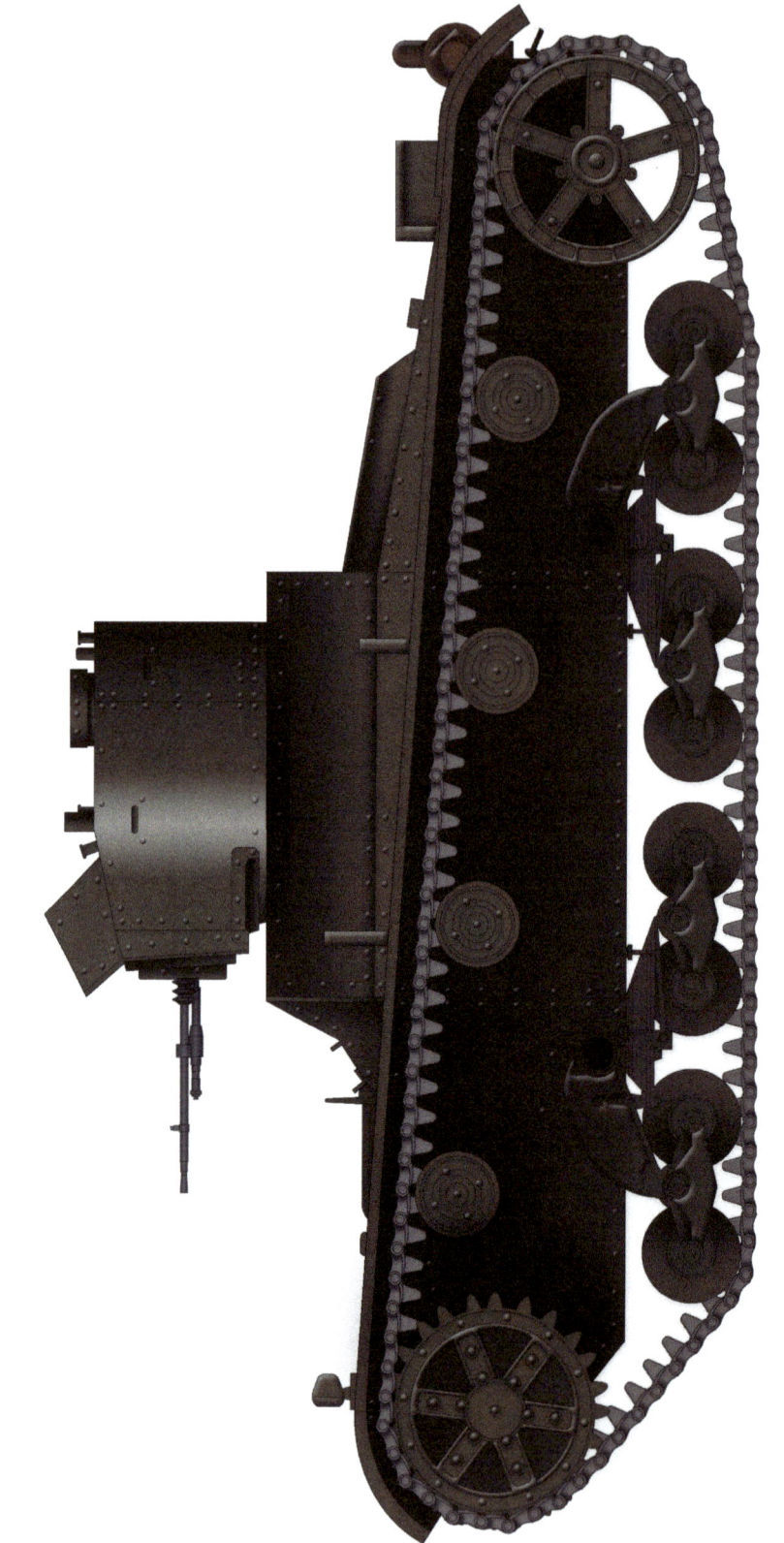

▲ Carro leggero Vickers Mark E dell'esercito polacco con due mitragliatrici Hotchkiss wz.25 raffreddate ad aria da 7,92 mm. Polonia 1933.

STORIA E SVILIPPO DEL CARRO LEGGERO POLACCO

A metà degli anni '20 emerse con chiarezza la necessità per l'esercito polacco di dotarsi di carri armati moderni, in grado di sostituire i vetusti Renault FT risalenti alla Prima Guerra Mondiale che al tempo rappresentavano la loro forza corazzata. Tuttavia, gli ingegneri locali del tempo non avevano il know-out sufficiente per sviluppare simili progetti. Si optò quindi, come già accennato, per l'acquisto di una licenza all'estero, che avrebbe fornito una base tecnologica su cui sviluppare progetti autonomi. Parallelamente, nell'aprile 1926, fu indetto un concorso di progettazione tra ingegneri polacchi, ma l'unico prototipo realizzato nel 1928, il carro WB-10, si rivelò un fallimento.

A partire dal 1925, il governo polacco avviò contati con la società britannica Vickers-Armstrongs, uno dei pochi e noti produttori di carri armati all'epoca. Il 31 luglio 1925, il Comitato per gli Armamenti Polacchi espresse l'intenzione di acquistare 50 carri armati Vickers, in particolare essi avevano messo gli occhi addosso al modello Medium Mark II, che rispondeva ai requisiti polacchi. Tuttavia, il governo britannico non autorizzò l'esportazione di questi mezzi. In quel periodo, l'esercito polacco era interessato a carri armati di 10-12 tonnellate, da loro sempre classificati come "leggeri" ma in realtà equivalenti ai carri armati medi britannici. Verso la fine del 1925, la Vickers propose allora alla Polonia il carro armato medio Mark C, originariamente sviluppato per il Giappone, che fu esaminato nel gennaio 1927. Ma anche in questo caso non si giunse ad una intesa. la stessa offerta fu rilanciata con una versione migliorata: la Mark D, che tuttavia continuo a non venire apprezzata dalle autorità polacche, soprattutto per la corazzatura insufficiente. Nell'agosto 1927, il Comitato per l'Armamento e l'Equipaggiamento (KSUS) approvò alfine l'acquisto di 30 carri armati Vickers non meglio specificati. Fu una scelta provvisoria, presa in attesa di una soluzione definitiva. Insomma, la trattativa faticava a decollare.

Nel 1928, la Vickers-Armstrongs completò lo sviluppo di un nuovo carro armato da 6 tonnellate, noto come Mark E (Mk.E), che rappresentò una svolta significativa nel design dei carri armati. Questo mezzo fu progettato in due varianti: il Type A, con torrette gemelle armate di mitragliatrici, e il Type B, con una singola torretta dotata di cannone coassiale e mitragliatrice, una configurazione innovativa per l'epoca.

▲ Il mastodontico, lento e costoso supercarro polacco WB-10, qui in una rarissima immagine che lo ritrae. Si rivelò un completo fallimento e i polacchi preferirono rivolgersi all'estero.

CARRO LEGGERO VICKERS MK. E A DUE TORRETTE, POLONIA 1933

▲ Carro leggero Vickers Mark E dell'esercito polacco con due mitragliatrici Hotchkiss wz.25 raffreddate ad aria da 7,92 mm. Qui mostrato nella ricca versione mimetica. Polonia 1933.

I primi schizzi del Mark E furono mostrati alla delegazione polacca nel febbraio 1928, che tuttavia attese fino al 1930, la Polonia prima di tornare a considerare la nuova opzione rilanciata dalla Vickers.

Il primo Mark E fu testato in Polonia nel settembre 1930, dimostrando buone prestazioni nonostante alcuni problemi, come il surriscaldamento del motore e la corazzatura sottile. dopo un breve interesse nutrito per un modello statunitense la Polonia negoziò l'acquisto di 38 carri armati Mk.E Type A, insieme a pezzi di ricambio e una licenza di produzione, diventando allo stesso tempo il principale cliente della Vickers. Il costo iniziale per carro era di 3.800 sterline, che a seguito di trattativa scese a circa 3.100 sterline a causa di problemi riscontrati nella corazzatura. Nonostante alcune limitazioni, i carri armati Vickers furono considerati comunque un passo importante verso la modernizzazione dell'esercito polacco.

Enormi problemi economici permisero alla Polonia a produrre solo poco meno di 150 carri armati leggeri prima dello scoppio della Seconda Guerra Mondiale.

LE PRIME MIGLIORIE POLACCHE

Le prime decine di carri armati ordinati dalla Polonia avrebbero dovuto essere consegnate tra marzo e luglio 1932, ma la consegna slittò all'inizio del 1933. Tutti i primi mezzi arrivati appartenevano alla variante a doppia torretta (Tipo A). Dopo i primi test, i polacchi introdussero subito una serie di modifiche significative. Inizialmente, fu installato un nuovo radiatore dell'olio, protetto da una copertura corazzata. Successivamente, vennero aggiunte grandi e ben visibili prese d'aria laterali dietro il compartimento di combattimento, simili a grate, un miglioramento fondamentale per il raffreddamento del motore. Questa caratteristica, unica nei carri armati Vickers polacchi, fu implementata tra l'inverno del 1934 e la primavera del 1935.

Queste modifiche, insieme ad altri piccoli aggiornamenti, furono progettate dalla Vickers ma realizzate in Polonia, presso le officine del 3° Battaglione Corazzato e gli stabilimenti PZInż., a spese della stessa Vickers. Tutti i carri armati furono ufficialmente accettati dall'esercito polacco entro agosto 1934, dopo il completamento delle modifiche e un test su un percorso di oltre 1000 km condotto con due esemplari.

▲ Test di valutazione fuoristrada del Vickers Mk E polacco nel 1933 (il mezzo appare privo di armamento). I carri armati Vickers in configurazione a due torrette utilizzavano una semplice forma cilindrica con una sporgenza per l'armatura principale.

CARRO LEGGERO VICKERS MK. E CON TORRETTA SINGOLA, POLONIA 1934

▲ Carro leggero Vickers Mark E dell'esercito polacco con torretta singola e cannone a canna corta Vickers da 4,7 cm. Qui mostrato nella successiva ricca versione mimetica. Polonia 1934.

Tra il 1934 e il 1935, 22 carri vennero opportunamente riconvertiti allo standard Tipo B, dotato di una singola torretta.

I carri armati polacchi si distinguevano da tutti gli altri Vickers prodotti ed esportati dagli inglesi, principalmente per le grandi prese d'aria laterali, che convogliavano l'aria verso il motore raffreddato ad aria. Dopo il 1935, i carri polacchi ricevettero ulteriori miglioramenti, tra cui cassette degli attrezzi posteriori poste sui parafanghi, che conferivano loro una silhouette simile al futuro 7TP. I carri a doppia torretta erano riconoscibili per i grandi coperchi dei caricatori delle mitragliatrici Hotchkiss da 13,2 mm, rimasti in uso nonostante il ritiro di queste armi dal servizio.

■ VERSO IL CARRO DEFINITIVO 7TP

A causa delle numerose carenze e problematiche emerse durante l'uso e i test, si decise di non produrre ulteriori carri armati Vickers. Tuttavia, alla fine del 1932, la Polonia avviò un progetto di miglioramento, inizialmente designato VAU-33 (Vickers-Armstrong-Ursus 1933) e poi rinominato 7TP (7 tonnellate, polacco). L'aggiornamento più significativo fu l'adozione di un motore Diesel raffreddato ad acqua, più potente e affidabile, che richiese un vano motore rialzato, modificando la sagoma del carro. Furono inoltre rinforzate sospensioni e corazzatura e, finalmente, installato un buon cannone anticarro da 37 mm. Il 7TP risultante è considerato il carro più riuscito della famiglia Vickers E. Le torrette rimosse dai Vickers a doppia torretta furono riutilizzate nella prima serie di 7TP, che mantenne questa dualità: singole o doppie. Un altro sviluppo interessante fu il trattore d'artiglieria C7P.

Per tutto il 1936 si cercò di modernizzare i Vickers per portarli allo standard 7TP. Un esemplare, il numero 1359, fu equipaggiato con un motore diesel PZInż.235 (Saurer VBLDb), trasmissione migliorata, sospensioni rinforzate e piastre corazzate più spesse. Questo veicolo, denominato V7TP, dimostrò prestazioni

▲ Uno dei primi test del nuovo nato: il carro leggero 7TP nel 1936.

CARRO LEGGERO VICKERS MK. E A DUE TORRETTE CON ARMA DA 13,2 MM, POLONIA 1934

▲ Carro leggero Vickers Mark E polacco con mitragliatrice pesante da 13,2 mm posizionata nella torretta di destra e modifica del motore. In questa versione si possono ben vedere le grate di raffreddamento del motore poste circa al centro del mezzo.

superiori, ma il progetto fu abbandonato nel dicembre 1936 per gli elevati costi di conversione, stimati in quasi 68.000 złoty per unità, una cifra troppo alta. Il destino del carro convertito rimane tutt'oggi incerto. Nel 1937 fu proposta l'installazione del cannone anticarro Bofors da 37 mm wz.37 sui Vickers, ancora più performante di quello in dotazione, sempre con la torretta del 7TP. Tuttavia, la mancanza di fondi e l'usura dei mezzi, ormai destinati principalmente all'addestramento, fecero naufragare il progetto. Si pensò anche a un rafforzamento della corazza con piastre più resistenti, ma, per carenza di risorse, non fu mai realizzato, nonostante avrebbe migliorato sensibilmente la protezione contro i cannoni anticarro. Dalla metà degli anni Trenta, lo sviluppo delle truppe corazzate e meccanizzate richiese un numero crescente di ufficiali addestrati. La Polonia, in ritardo, corse ai ripari organizzando scuole e corsi di specializzazione. Tra le due guerre mondiali, le scuole per ufficiali e ufficiali di riserva formarono circa 10.000 tra ufficiali, sottufficiali e militari.

Secondo un rapporto dettagliato redatto dopo la sconfitta del 1939, le carenze delle forze corazzate polacche furono: scarsa ricognizione, carenza di blindati e artiglieria, mancanza di copertura aerea, comunicazioni inaffidabili, insufficiente personale tecnico e di riparazione, copertura medica inadeguata e mancanza di veicoli fuoristrada. La Polonia fece grandi sforzi per creare un corpo corazzato, ma le sue unità commisero l'errore fatale di adottare la dottrina francese, che dava priorità al supporto per fanteria e cavalleria.

◄ Bella immagine della dimostrazione e performance del Vickers Mk. E eseguito davanti a un folto pubblico, accorso a vedere le manovre militari dell'esercito polacco.

▼ Sfilata di carri leggeri Vickers Mark E Tipo B in colonna in marcia durante l'allenamento nel campo di addestramento. Archivio polacco.

CARRO LEGGERO VICKERS MK. E A DUE TORRETTE CON SISTEMA RADIO, POLONIA 1934

▲ Carro leggero Prototipo Vickers Mark E equipaggiato e testato con antenna ed apparecchiature radio. Polonia 1934.

CARRO LEGGERO VICKERS MK. E CON TORRETTA SINGOLA, POLONIA 1934

▲ Carro leggero Vickers Mark E dell'esercito polacco con torretta singola con cannone a canna corta Vickers da 4,7 cm. Qui mostrato in una variante mimetica e sagoma aumentata. Polonia 1934.

▲ I carri armati Vickers ebbero il loro battesimo militare con la partecipazione all'occupazione polacca da parte della Cecoslovacchia.

▶ Una vista ravvicinata del supporto per pistola a canna corta Vickers da 4,7 cm.

▼ Il Vickers Mk- E da 6 tonnellate fu uno dei carri armati di maggior successo della storia.

CARRO LEGGERO POLACCO 7TP

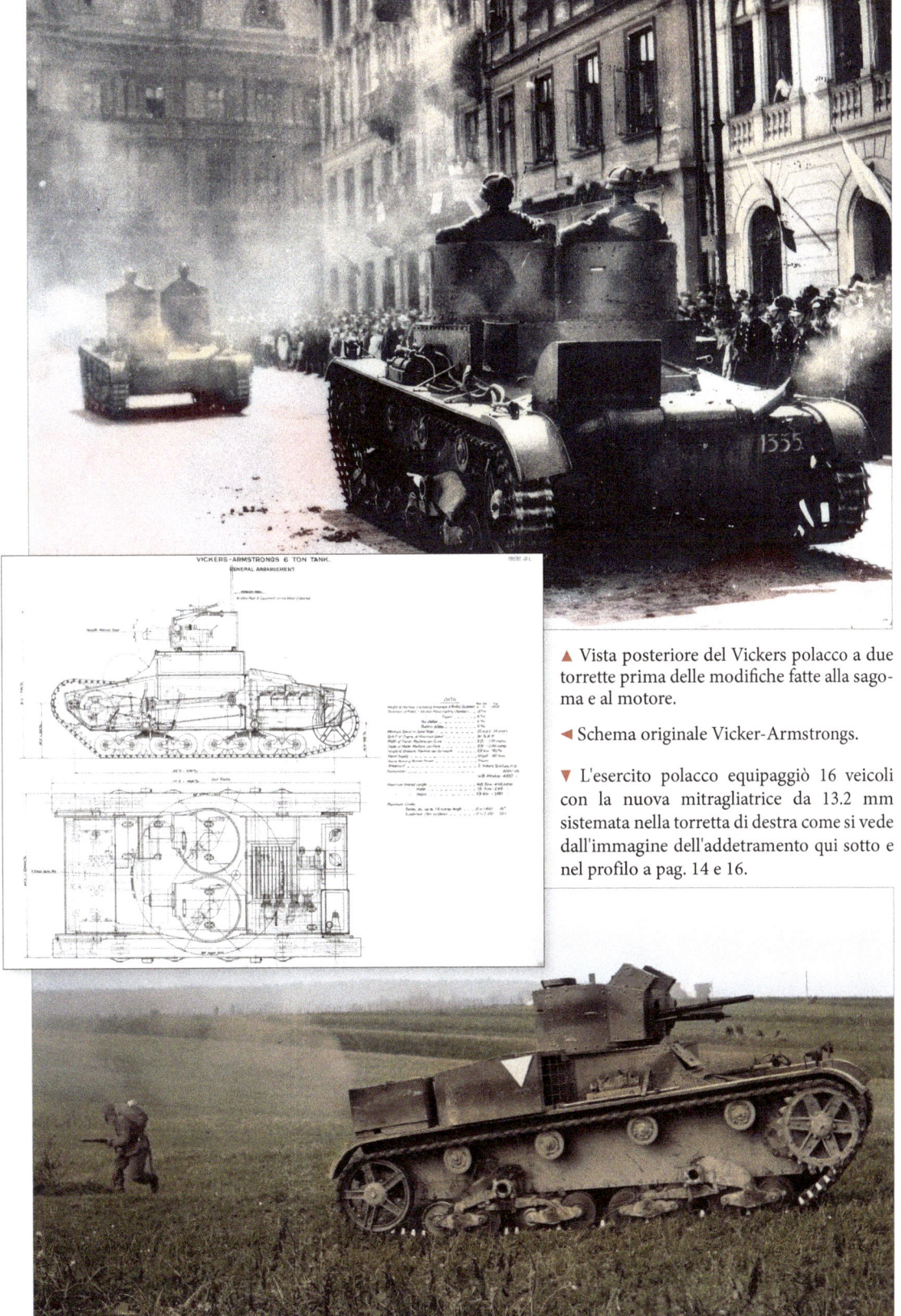

▲ Vista posteriore del Vickers polacco a due torrette prima delle modifiche fatte alla sagoma e al motore.

◄ Schema originale Vicker-Armstrongs.

▼ L'esercito polacco equipaggiò 16 veicoli con la nuova mitragliatrice da 13.2 mm sistemata nella torretta di destra come si vede dall'immagine dell'addetramento qui sotto e nel profilo a pag. 14 e 16.

CARRO LEGGERO 7TP CON DOPPIA TORRETTA, POLONIA 1936

▲ Carro leggero polacco 7TP DW (doppia torretta) 2° prototipo, Polonia 1936.

CARATTERISTICHE TECNICHE

◼ STRUTTURA E DESIGN

Il carro armato 7TP presentava un design tradizionale, diviso in tre sezioni principali: la trasmissione anteriore, il vano o camera di combattimento centrale e il motore nella parte posteriore. Lo scafo era costruito con piastre corazzate laminate fissate a un telaio tramite bulloni. L'equipaggio era composto da tre persone. Il guidatore sedeva nella parte anteriore destra, con un portello a due ante e un periscopio semplice per la visuale, che però offriva una visibilità limitata, soprattutto in combattimento. Vi era poi il comandante che operava dalla torretta coadiuvato da un mitragliere assistente.

◼ LE TORRETTE

Doppia Torretta: La prima versione del 7TP aveva due piccole torrette monopiazza, ognuna con un portello superiore. Il comandante sedeva nella torretta destra, mentre il mitragliere occupava quella sinistra. Le prime torrette erano dotate di mitragliatrici da 13,2 mm, utilizzate solo nei carri Vickers Mk.E.

Singola Torretta: La versione principale aveva una torretta conica per due persone, posizionata a sinistra. Il comandante, a destra, si occupava di caricare il cannone e individuare i bersagli, mentre il mitragliere, a sinistra, mirava e sparava. La torretta era dotata di un portello apribile in avanti, un periscopio reversibile per la visuale a 360° e due periscopi fissi. Successivamente per la versione "polacca" del 7TP venne studiate e ideata una nuova e più moderna torretta.

Il periscopio reversibile fu brevettato da R. Gundlach e consentiva al comandante una facile osservazione a tutto tondo. Il periscopio Gundlach agiva come un semplice periscopio rotante per guardare in avanti e di lato, il che richiedeva di girare la testa di lato, ma grazie a un prisma aggiuntivo che si estendeva verso il basso, il comandante non doveva girare la testa attorno al periscopio per scansionare l'area dietro di lui.

◼ MOTORE E TRASMISSIONI

Il motore sui primi carri Vickers di entrambi i tipi era un Armstrong-Siddeley 4 cilindri da 80 CV. Nella versione definitiva polacca si passò invece al diesel con un PZInż. 235 (Saurer VGLD) o un VBLDb diesel a 6 cilindri, entrambi motori diesel a 6 cilindri raffreddati ad acqua, con una potenza di 110 CV.
Il motore era posizionato nel vano posteriore, con radiatori e ventole laterali. La trasmissione includeva una frizione multidisco a secco, un cambio a 4 marce avanti e 1 retromarcia, e freni a nastro.
Il motore era posizionato centralmente in un vano posteriore. Due radiatori verticali dell'acqua con ventole erano posizionati su entrambi i lati del motore: l'aria veniva aspirata da due griglie nella parte anteriore di una piastra orizzontale sopra il vano motore e usciva attraverso due fori nella parte posteriore di questa piastra. Nelle prime serie usciva anche attraverso le persiane nelle porte posteriori.

◼ SOSPENSIONI

Il carro armato utilizzava una sospensione Vickers modificata, con due carrelli su ciascun lato, ciascuno con due ruote doppie sospese su balestre. Le sospensioni erano progettate per ridurre le sollecitazioni sulle molle, migliorando la stabilità.

◼ COMUNICAZIONI RADIO

Dal 1938, alcuni carri armati a torretta singola furono equipaggiati con una radio polacca N2/C, utilizzata principalmente dai comandanti di battaglione, compagnia e plotone. La radio aveva un'antenna trasmittente alta fino a 6 metri e una portata di 10 km per la voce e 25 km per il codice Morse. I carri armati con radio erano anche dotati di un interfono per l'equipaggio.

ARMAMENTO

Armamento della Doppia Torretta: Armato con due mitragliatrici wz.30 da 7,92 mm, con circa 6000 colpi. Dai modelli Vickers a quelli polacchi diverse mitragliatrici e abbinamenti cannone/mitragliatrice vennero collaudati nel tempo.

Armamento della Torretta singola: Armato con un cannone da 37 mm wz.37 (Bofors) e una mitragliatrice coassiale wz.30 da 7,92 mm. Il cannone aveva 80 colpi, con una cadenza di fuoco di 10 colpi al minuto. La mitragliatrice aveva 3960 colpi, trasportati in 12 scatole. Solo quattro colpi erano stivati nella torretta, a destra del cannone, a volte stivavano munizioni extra anche nella nicchia posteriore della torretta nei carri armati senza radio. Il resto delle munizioni era trasportato nello scafo. La cadenza di fuoco massima era di 10 colpi al minuto. Le armi avevano un mirino telescopico wz.37 CA tra il cannone e la MG, e un mirino a periscopio wz.37 CA sul lato sinistro del tetto. Il mirino a periscopio era basato sullo Zeiss TWZ-1.

ARMATURA

L'armatura realizzata con piastre laminate di acciaio variava in spessore a seconda della zona:
- Scafo: Fronte 17 mm, fianchi da 17 mm a 9 mm, posteriore 9 mm.
- Portello conducente: 10 mm
- Torretta Singola: Lati e mantello 15 mm, tetto 8-10 mm.
- Torretta Doppia: Lati 13 mm, tetto 5 mm.
- Parte superiore: 10 mm sul davanti 5mm sul resto.
- Parte inferiore: 10 mm sul davanti 5mm sul resto.

CONCLUSIONI

Il carro armato 7TP era un veicolo ben progettato, con un buon equilibrio tra potenza di fuoco, mobilità e protezione. La sua struttura modulare e le innovazioni come il periscopio reversibile lo rendevano un mezzo efficace per l'epoca, nonostante alcune limitazioni nella visibilità e nella comunicazione radio.

▲ Parata/sfilata di carri Vickers del primo tipo visti nella parte posteriore, sia in versione a torretta singola che a torretta doppia. Archivio Polacco.

LE VERSIONI DEI MEZZI

■ ULTIMI AGGIORNAMENTI SUL 7TP

Nel 1938 iniziarono i lavori per sviluppare una nuova versione aggiornata, denominata 9TP, con l'obiettivo di modernizzare il design esistente. Furono pianificate due varianti: la prima equipaggiata con un cannone Bofors da 40 mm (1,57 pollici) e la seconda con un cannone più potente, la cui scelta rimase però incerta. Il 9TP era dotato di un motore diesel Saurer CT1D/PZLInż.155, al posto del VBLDb diesel a 6 cilindri. Il nuovo carro appariva con sospensioni migliorate e di carreggiate più ampie. Nonostante non siano mai stati impiegati in combattimento, si ritiene che nell'estate del 1939 siano stati consegnati almeno 11 esemplari di 9TP. I progetti includevano anche tentativi di montare un doppio cannone FK-A wz.38 L/73,5 da 20 mm (0,79 pollici) su un carro 7TP, ma nessun prototipo fu mai completato. Il principale limite del 7TP era la sua scarsa adattabilità a una modernizzazione efficace, dato che il progetto originale risaliva oramai a oltre dieci anni prima dello scoppio della guerra.
In quel periodo, la Polonia cercò anche di entrare nel mercato. Furono inoltre valutate opportunità di esportazione verso diversi paesi, tra cui l'Estonia (4 unità nel 1937, ma l'accordo fu annullato), la Turchia (nel 1938, con un accordo di licenza che non fu mai finalizzato a causa dell'esito disastroso della guerra), la Jugoslavia e la Grecia (per un totale di 36 unità).
Nonostante i suoi limiti, il telaio del 7TP si dimostrò ancora valido, segno che la Vickers aveva ideato ujh buon mezzo. Fu considerato sufficientemente versatile per creare una serie di veicoli anche non da combattimento. Nel 1933 furono realizzati due prototipi, l'S6R e l'S6T. Il primo era equipaggiato con motore e trazione anteriore, mentre entrambi i modelli montavano un motore diesel PZlnż.235 da 115 CV. La torretta fu sostituita da una cabina blindata per il conducente e un meccanico.
Per la produzione in serie del nuovo trattore d'artiglieria, perchè di questo si trattava, fu selezionato l'S6R, che venne modificato e rinominato S7R (*Ciagnik Siedmiotonowy Polski* - camion polacco da 7 tonnellate). Prima di settembre 1939, furono consegnati 151 dei 350 trattori ordinati, utilizzati principalmente per il traino di mortai Skoda da 220 mm (8,66 pollici). Inoltre, 18 S7R furono assegnati alla 10ª Brigata di cavalleria per il trasporto di carri armati e tankette su piattaforme speciali. I suddetti veicoli catturati dalle forze nemiche rimasero poi in servizio nella Wehrmacht fino alla fine del 1941.

▲ Plotone di carri 7TP con cannone Bofors 37 mm durante l'esercitazione. Archivio Polacco.

CARRO LEGGERO 7TP CON DOPPIA TORRETTA, POLONIA 1938

▲ Carro leggero polacco 7TP DW 7TP (con doppia Torretta) del 3° Battaglione corazzato, Cieszyn, Polonia, ottobre 1938.

LE VARIANTI DEI VICKERS A E B

Iª Variante – Carro armato con due mitragliatrici TMG da 7,92 mm wz. 25

Tutti i carri armati della Vickers-Armstrong Ltd. furono consegnati nella versione a doppia torretta (tipo A), senza armamento iniziale come richiesto dallo stato maggiore polacco. Una volta arrivati a destinazione in Polonia, all'inizio del 1933 vennero equipaggiati con due mitragliatrici Hotchkiss wz.25 da 7,92 mm, raffreddate ad aria, montate su supporti sferici universali di nuova concezione.
Tuttavia già da tempo si era pensato di armare i carri con mitragliatrici wz.30 da 7,92 mm, più affidabili e raffreddate ad acqua, e di dotare 14 carri di un armamento misto, con una mitragliatrice Hotchkiss wz.30 da 13,2 mm nella torretta sinistra. Nonostante ciò, tutte le torrette furono sempre dotate di coperture squadrate per i caricatori da 13,2 mm, anche quando non sarebbe stato necessario a causa delle varie versioni d'arma. La torretta destra, riservata al comandante, era l'unica a presentare piccole maniche per le bandiere di segnalazione. (vedi profili a pag. 8 e 10)

IIª Variante – Carro armato con Cannone SA da 37 mm e mitragliatrice da 7,92 mm

Per aumentare la potenza di fuoco, alcuni carri furono equipaggiati con un cannone Puteaux da 37 mm, montato nello stesso supporto universale, mentre la seconda torretta manteneva la mitragliatrice Hotchkiss wz.25 da 7,92 mm. Inizialmente, i cannoni furono montati nella torretta sinistra, per poi essere spostati in quella destra nell'autunno del 1933. Si ha notizia anche di un carro attrezzato con ben due cannoni da 37 mm!
Tuttavia, il cannone SA da 37 mm si rivelò poco efficace contro le corazze nemiche, stabilendo di considerarlo una soluzione provvisoria in attesa di un nuovo sistema d'arma più adatto. Il 9 novembre 1932, il Capo di Stato Maggiore decise di convertire 22 carri armati in versioni a torretta singola, utilizzando torrette britanniche tronco coniche di tipo B con cannoni da 47 mm.
(vedi profili a pag. 12 e 17).

▲ Il carro armato Vickers polacco, nella sua configurazione iniziale a doppia torretta, era equipaggiato con due mitragliatrici modello Hotchkiss wz.25 da 7,92 mm. Questa versione presentava una mimetizzazione a quattro colori, tipica del periodo.

▲ Un 7TP-dw - con doppia torretta del vecchio tipo, ancora con i caricatori squadrati montati sul davanti.

Nel maggio 1933, prima della consegna delle nuove torrette, fu stabilito di armare temporaneamente:
- 6 carri con cannone Puteaux SA da 37 mm e mitragliatrice wz.30 da 7,92 mm,
- 16 carri con mitragliatrice Hotchkiss wz.30 da 13,2 mm e wz.30 da 7,92 mm,
- 16 carri con due mitragliatrici wz.30 da 7,92 mm.

Questo piano escludeva quindi le vecchie mitragliatrici wz.25, che tuttavia rimasero in uso ancora per un certo periodo. La sostituzione delle wz.25 con le wz.30 richiese più tempo del previsto, e nel novembre 1934 alcuni carri armati predisposti per i cannoni da 37 mm erano ancora equipaggiati con le vecchie mitragliatrici.

I carri armati Vickers a doppia torretta potevano anche essere armati con un cannone SA da 37 mm nella torretta destra e una mitragliatrice TMG wz.25 da 7,92 mm nella torretta sinistra.

IIIª Variante – Carro armato con sistema misto: Mitragliatrice da 13,2 mm e 7,92 mm

Nel 1933, 16 carri armati furono riarmati con una mitragliatrice Hotchkiss wz.30 da 13,2 mm nella torretta destra, classificata come "mitragliatrice pesante". Le mitragliatrici furono consegnate dalla Francia nel gennaio 1933. Secondo i piani, questi carri avrebbero dovuto trasportare fino a 720 proiettili da 13,2 mm e 2.500 da 7,92 mm. Inizialmente, l'altra torretta poteva essere armata con una wz.25. Entro l'agosto 1935, tutti i carri a doppia torretta furono elencati come armati con mitragliatrici wz.30 da 13,2 mm e 7,92 mm, sebbene questa configurazione sia raramente documentata fotograficamente.
(vedi profili a pag. 14 e 16)

IVª Variante IV – Carro armato con cannone da 47 mm e mitragliatrice da 7,92 mm

Per migliorare ulteriormente le capacità di combattimento, 22 torrette singole di tipo B, armate con cannoni Vickers QF da 47 mm, furono acquistate in Gran Bretagna e consegnate nel marzo 1934. Queste

▲ Il nuovo motore diesel Diesel Saurer VBLDd montato sui carri 7TP polacchi.

torrette furono dotate di mitragliatrici wz.30 da 7,92 mm, montate a destra del cannone in una copertura corazzata diversa da quella standard Vickers. Tra la metà del 1934 e il marzo 1935, 22 carri armati furono ricostruiti con queste torrette singole e nuove piastre superiori. Ogni carro poteva trasportare fino a 50 colpi per il cannone.

Vª Variante – Carro armato con due mitragliatrici wz.30 da 7,92 mm

A causa della decisione di ritirare le mitragliatrici da 13,2 mm, tutti i carri a doppia torretta rimanenti furono riarmati con due mitragliatrici wz.30 da 7,92 mm entro il 1937. Questa fu la configurazione finale dei carri Vickers a doppia torretta utilizzati in combattimento nel 1939. Le mitragliatrici da 13,2 mm furono trasferite alla Marina per uso antiaereo.

■ IL TRATTORE D'ARTIGLIERIA C7P

Il C7P, acronimo di "*Ciągnik Siedmiotonowy Polski*" (in italiano "trattore polacco da 7 tonnellate"), fu un trattore d'artiglieria impiegato dalle unità meccanizzate dell'esercito polacco durante le prime fasi della Seconda Guerra Mondiale. Derivato per parte dello scafo, interamente dal carro armato leggero 7TP, il C7P ebbe un ruolo significativo, seppur breve, nelle operazioni militari dell'epoca.

L'arrivo del carro inglese nell'armamentario polacco suggerì, fra le altre cose, anche la necessità di un veicolo specializzato per la meccanizzazione dell'artiglieria e il recupero di carri armati danneggiati. La PZI (Państwowe Zakłady Inżynieryjne), la principale fabbrica di armamenti polacca, iniziò a sviluppare un progetto basato sul telaio del Vickers, che nel frattempo era stato modificato e ribattezzato in 7TP.

Nel 1933, fu completato il primo prototipo del C7P, che dopo una serie di test fu approvato per la produzione in serie. La produzione iniziò nel 1935 e si concluse nel settembre 1939, con circa 150 esemplari costruiti. La maggior parte di questi veicoli fu assegnata al 1° Reggimento artiglieria pesante, dove furono

▲ L'immagine mostra il retro del carro leggero polacco 7TP, con vista della marmitta forata per le prese d'aria.

TRATTORE D'ARTIGLIERIA C7P, POLONIA 1939

▲ Trattore d'artiglieria appartenente ad una unità non identificata. Polonia, Settembre 1939.

CARRO LEGGERO 7TP CON DOPPIA TORRETTA, POLONIA 1939

▲ Carro leggero 7TP (doppia torretta) appartenente alla 2a compagnia carri leggeri del Warsaw Defence Command Varsavia, Polonia, settembre 1939.

▲▼▶ Tre immagini del trattore d'artiglieria polacco deominato C7P, nell'immagine sopra impegnato nel traino di un obice pesante Skoda.

A sinistra e sotto: due immagini del trattore, finito nelle mani delle forze armate tedesche dopo la breve e catastrofica campagna di Polonia del 1939. I tedeschi riutilizzarono buona parte di questi mezzi almeno fino al 1941.
Archivio Péter Mujzer.

CARRO LEGGERO POLACCO 7TP

TRATTORE D'ARTIGLIERIA C7P, USO GERMANICO 1939-1941

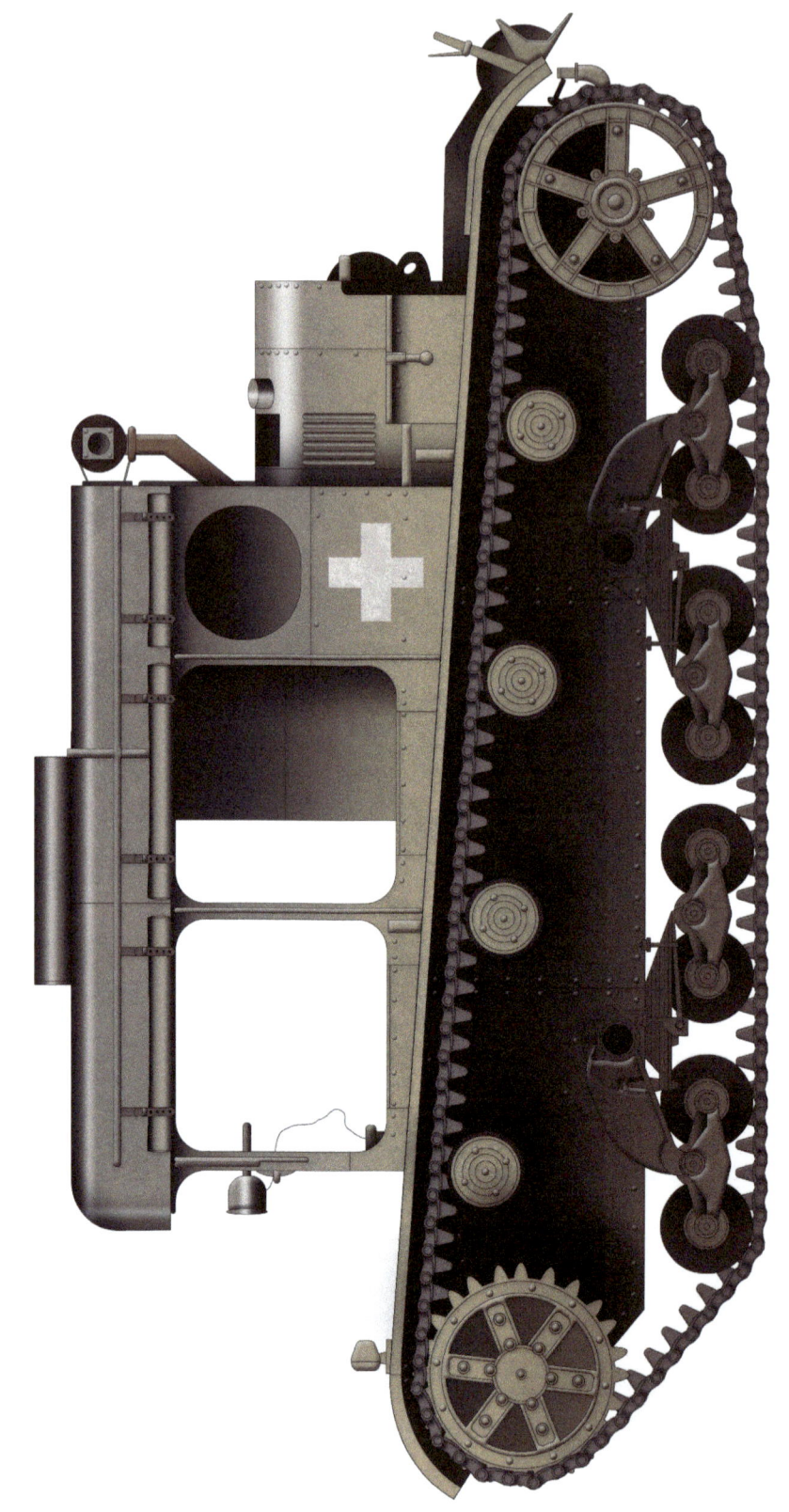

▲ Trattore d'artiglieria recuperato all'uso da parte delle truppe d'occupazione tedesche. Polonia, 1939-1941.

utilizzati per trainare i mortai pesanti Škoda wz. 32 da 220 mm, ciascuno dei quali richiedeva ben tre C7P per il trasporto. Diciotto unità furono invece destinate alle formazioni corazzate equipaggiate con i carri armati 7TP, Vickers e Renault R35 acquistati dalla Francia.

Tuttavia, già nel 1939, i comandi polacchi si resero conto che il numero di C7P disponibili era insufficiente e ordinarono ulteriori trentadue trattori, sebbene non sia chiaro se questi siano mai stati consegnati. Inoltre, negli anni '30, il genio militare polacco testò due C7P per valutarne l'utilità nella costruzione e manutenzione di ferrovie e come officine mobili, ma il progetto non ebbe alcun seguito.

Caratteristiche tecniche

Il C7P era sostanzialmente costituito dallo scafo del carro armato 7TP, privato della torretta e di parte della sovrastruttura, sostituite poi da una cabina quadrangolare che ospitava l'equipaggio di due persone (comandante e pilota) e fino a quattro passeggeri. Il telaio e il treno di rotolamento rimasero invariati, mantenendo la stessa affidabilità e robustezza del 7TP. Il treno di rotolamento era composto, per lato, da otto piccole ruote portanti accoppiate, con sospensioni a balestra e bilancieri. La ruota motrice era posizionata anteriormente, mentre quella di rinvio, posteriore, era leggermente rialzata.

Lo scafo corazzato, salvo le parti rimosse, non subì modifiche significative. Il motore, era il solito Saurer diesel a sei cilindri da 115 hp, ed era situato nel vano posteriore e ovviamente alimentato a gasolio.

Con un peso di circa 8,5 tonnellate, il C7P raggiungeva una velocità massima di 26 km/h e un'autonomia di 150 km. Per le missioni di recupero, il trattore era equipaggiato con un verricello e un perno d'agganciamento, con una capacità di carico massima di 5.000 kg.

Nei fatti il C7P rappresentò un tentativo innovativo di adattare un carro armato leggero a un ruolo logistico e di supporto, dimostrando l'ingegnosità dell'industria militare polacca negli anni '30. Tuttavia, il suo impiego fu limitato dallo scoppio della Seconda Guerra Mondiale e dalla rapida invasione della Polonia da parte delle forze tedesche. Nonostante la sua breve carriera operativa, il C7P rimane un esempio interessante di veicolo militare polacco dell'epoca, testimonianza di un periodo cruciale della storia europea.

▲ Un trattore C7P appartenente alla 10ª brigata meccanizzata di cavalleria polacca nel 1939.

▲ Un carro 7TP con due torrette viene caricato su un vagone ferroviario per un trasporto veloce durante le operazioni di addestramento o militari.

▼ Mezzi militari polacchi sfilano in parata di fronte alle autorità nazionale e a rappresentanze di alti ufficiali alleati francesi e inglesi. In primo piano un cannone da 155 trainato da un trattore C7P.

▲ Carro 7TP visto dall'alto.

ALTRI DERIVATI

La serie dei derivati del carro 7TP richiede la segnalazione di almeno tre mezzi. Il carro radio comando, il carro bulldozer e infine furono realizzati progetti per sviluppare un semovente antiaereo mediante l'installazione sul carro, sempre privato di torretta e sovrastruttura, di due cannoni da 20 mm FK-A wz. 38 L/73,5 automatici, ma nel 1938 tutte le risorse furono riservate all'ampliamento delle forze corazzate e anche questo progetto decadde.

Il carro comando radio

I carri armati Vickers polacchi usualmente erano privi di radio, usando bandiere colorate per le comunicazioni, come del resto la maggioranza dei carri armati del tempo. Nel 1937-1938, un carro del Centro Addestramento Armi Corazzate fu modificato sperimentalmente con una radio RKB/C, che richiedeva schermatura del cablaggio. Si pianificò di aggiornare altri otto carri a torretta singola, ma i piani furono abbandonati per mancanza di radio. Non è chiaro quanti Vickers fossero effettivamente dotati di radio, ma esiste solo una foto di un carro a doppia torretta con radio (vedi a pag. 7 e profilo a pag. 16).
Secondo altre fonti, poco prima della guerra, quattro carri della 12ª Compagnia ricevettero radio RKB/C (fuori produzione). Alcuni autori ipotizzano che tre avessero solo ricevitori, ma senza prove. È incerto se anche quattro carri della 121ª Compagnia avessero radio.
La radio sperimentale montata era nello scafo, fornita di un'antenna di bambù da 3,5 m. Sui carri a doppia torretta, l'antenna era trasportata orizzontalmente tra le torrette quando non in uso.

Carro bulldozer

È nota anche la conversione di alcuni mezzi dotati di ruspa anteriore. Essa era agganciata allo scafo tramite braccia snodate ed un sistema di manovra gestito all'interno del carro che era del tipo a due torrette. (vedi profilo relativo nel libro).

▲ Tre modellini del carro 7TP polacco: uno con le due torrette, uno con la classica torretta singola di tipo polacco, ed infine, in basso, la versione realizzata per il genio con la ruspa applicata sul davanti del carro.

CARRO DEL GENIO MILITARE - POLONIA 1939

▲ Carro leggero 7TP attrezzato a carro buldozer con l'applicazione di una ruspa sulla parte anteriore del mezzo. Polonia 1939.

▲ Carro 7TP vista fronte e retro.

▲▼ L'occupazione della Slesia di Czeski Cieszyn el 1938 si tradusse in una parata militare semi trionfale delle colonne di carri armati e soldati polacchi. Nelle città volavano fiori sui carri armati, la maggiornza polacca della regione li accolse come liberatori. Molto presto, tuttavia, non pochi ebbero a pentirsene, e quasi il 20% della popolazione abbandonò la regione già nei primi mesi. L'occupazione durò solo 11 mesi.

CARRO LEGGERO POLACCO 7TP

CARRO LEGGERO 7TP A TORRETTA SINGOLA, POLONIA 1939

▲ Carro leggero 7TP - Carro con mimetica "a scacchiera", 2° battaglione di carri leggeri, Armata di Łódź, battaglia di Włodawa, Polonia, 15 settembre 1939.

IMPIEGO OPERATIVO

■ SERVIZIO OPERATIVO ANTEGUERRA

A causa della brevissima resistenza dell'esercito polacco a seguito della agressiva e dirompente invasione delle truppe corazzate tedesche, la vita operativa dei carri polacchi si riassunse in soli due episodi. Quelli predendenti lo scoppio della seconda guerra mondiale, come la occupazione delle regioni a maggioranza polacche residenti in Cecoslovacchia a seguito degli accordi di Monaco del 1938. E appunto quelle impegnate nel sanguinoso conflitto contro le truppe di Hitler che provocarono un rapido collasso delle forze polacche. Ogni ulteriore uso dei carri e dei mezzi polacchi dopo tale data fu l'utilizzo da parte tedesca di tali mezzi, sopratutto in Russia.

L'occupazione della Zaolzia

I primi carri armati Vickers consegnati alla Polonia costituirono la compagnia di carri armati veloci V del 3° reggimento corazzato di Varsavia, distinguendosi sin da subito dai più lenti Renault FT.

Dopo una riorganizzazione nel febbraio 1934, l'unità divenne il 3° battaglione corazzato (Batalion Pancerny) a Varsavia. In quell'anno, erano operativi solo nove carri armati: sei nella compagnia di combattimento e tre in quella di addestramento. Con l'arrivo dei nuovi carri 7TP nel 1937, i Vickers furono trasferiti al 2° battaglione corazzato di Żurawica, vicino a Przemyśl. Un'altra unità dotata di Vickers dal 1934 fu il battaglione corazzato-motorizzato sperimentale (11°) presso il Centro di Addestramento per Armi Corazzate (CWBrPanc) a Modlin. Questi carri furono impiegati principalmente per addestramento, manovre e assegnati alla 10ª Brigata di Cavalleria, l'unica brigata motorizzata sperimentale.

Tra il 4 e il 20 settembre 1938, 23 carri armati Vickers di entrambi i battaglioni parteciparono a grandi manovre in Volinia, una regione ad est della Polonia oggi in Ucraina, formando una compagnia assegnata alla 10ª Brigata di Cavalleria Motorizzata (10.BK).

Queste esercitazioni ebbero lo scopo di preparare l'azione per riconquistare Zaolzie, una provincia a maggioranza polacca annessa dalla Cecoslovacchia nel 1918. Approfittando della crisi cecoslovacca dopo l'accordo di Monaco, la Polonia occupò Zaolzie senza combattere il 22 settembre 1938, con la 10.BK

▲ Bella visuale di un carro Vickers a due torrette che attraversa la citta di Czeski Cieszyn, capitale della Zeolsia.

▲▼ Altre immagini relative all'occupazione della Slesia di Czeski Cieszyn del 1938. Fra le altre cose, questa grande raccolta fotografica è anche la maggiore testimonianza iconografica relativa ai carri 7TP/Vickers. Archivio Polacco.

CARRO LEGGERO 7TP A TORRETTA SINGOLA, POLONIA 1939

▲ Carro leggero 7TP - del 1° battaglione di carri leggeri (esercito di Prusy), con lo standard "schema orizzontale", battaglia di Głowaczów, 9-10 settembre 1939.

CARRO LEGGERO POLACCO 7TP

▲▼ Altre immagini relative all'occupazione della Slesia di Czeski Cieszyn del 1938. Colpisce subito la calorosa accoglienza del popolo, che la Polonia però non seppe poi gestire bene. Archivio Polacco.

assegnata al Gruppo Operativo "Śląsk" (Slesia). La brigata e i suoi carri rimasero nella regione per due mesi, partecipando sostanzialmente a parate fatte a beneficio della maggioranza polacca che viveva nella regione. A fine novembre, due plotoni Vickers si unirono al Gruppo Operativo "Podhale" per l'annessione anche di parte di Spisz, ma non furono coinvolti in scontri a Jaworzyna, rimanendo nella zona fino a dicembre. Questa occupazione finì con l'avere riscontri negativi agli occhi dei paesi democratici del mondo. Nel 1938, la Germania nazista dopo i Sudeti si annette anche la Cecoslovacchia.
Astutamente però riuscì a presentare l'annessione di questo giovanissimo stato, nato nel 1918 dalle ceneri dell'impero asburgico, invitando al banchetto della spartizione anche gli altri vicini dei cechi: Polacchi, Ungheresi. La Polonia inviò quindi un ultimatum alla Cecoslovacchia, chiedendo il ritiro delle truppe e della polizia Praga già in ginocchio si piegò, e l'esercito polacco, guidato dal generale Władysław Bortnowski, annesse un'area di circa 800 km² con 228.000 abitanti. La Germania rinunciò a una piccola provincia in cambio di vantaggi propagandistici. La Polonia, infatti fu accusata di complicità con il regime nazista, danneggiando la sua reputazione internazionale.
La popolazione polacca di Zaolzie accolse con entusiasmo l'annessione, vedendola come una liberazione, con cartelli del tipo: Vi aspettavamo da 600 anni" ricevettero i carri armati di Varsavia, ma presto questa popolazione cambiò opinione. Le nuove autorità polacche imposero politiche di "polonizzazione" serrata: il polacco divenne l'unica lingua ufficiale, l'uso del ceco e del tedesco fu vietato, e molti cechi e tedeschi furono costretti a emigrare. Le istituzioni ceche furono smantellate, creando malcontento tra i locali. Quasi il 20% degli abitanti della zona di occupazione lasciarono l'area, e le chiese cattoliche furono riorganizzate sotto l'amministrazione polacca.
L'annessione alla fine durò solo 11 mesi, fino all'invasione tedesca della Polonia nel settembre 1939.
Nel luglio 1939, il 2° battaglione disponeva di 20 carri armati, il CWBrPanc di 17 e un ultimo carro era in uso presso l'Ufficio Tecnico per le Armi Corazzate. In ciascun battaglione, cinque carri erano riserva di mobilitazione (classe A), 12 erano per mobilitazione e addestramento (classe B), e tre nel 2° battaglione erano destinati esclusivamente all'addestramento (classe C). A causa dell'intenso utilizzo per l'addestramento, molti carri risultavano usurati nel 1939.

▲▼ Altre immagini relative all'occupazione della Slesia di Czeski Cieszyn del 1938. Meno di un anno dopo tutto questo finì sotto l'occupazione nazista. Archivio Polacco.

LA CAMPAGNA DEL SETTEMBRE 1919

All'affacciarsi di nubi dense sulla nazione, durante la mobilitazione generale dell'agosto 1939. Sulla carta lo scontro apparve da subito improbo per le forze polacche, mentre Varsavia contava in compagnie le forze corazzate, i tedeschi ragionavano in divisioni. E le forze corazzate polacche quindi? I carri armati Vickers/7TP furono assegnati a due compagnie di carri leggeri appartenenti alle uniche due brigate motorizzate dell'esercito polacco.

Le vicende belliche della 121ª Compagnia carri leggeri

La 121ª Compagnia di carri armati leggeri venne formata a Modlin dall'11° Battaglione corazzato per supportare la 10ª Brigata di cavalleria, mentre il 2° Battaglione corazzato, di stanza a Żurawica, costituì la 12ª Compagnia di carri armati leggeri per la Brigata corazzata-motorizzata di Varsavia (WBP-M).

Ogni compagnia era dotata di 16 carri armati, di cui 10-11 con una singola torretta e 5-6 con doppia torretta. L'unità era organizzata in una squadra comando, che includeva il carro del comandante, e tre plotoni operativi, ognuno composto da cinque carri armati. È probabile che nel 1939 i plotoni fossero equipaggiati con una combinazione di tre veicoli a torretta singola e due a torretta doppia.

Vi sono alcune incertezze riguardo al numero effettivo di carri armati in dotazione alla 121ª Compagnia. Si parlava comunque, perchè appaia chiaro di numeri ridicoli rispetto a quelli a disposizione dei nazisti. La 10ª Brigata di Cavalleria, lamentava che l'unità disponesse solo di 7-8 carri, qualcuno parlava di 9 e capirete bene pochissimo cambia.. Tuttavia, secondo i dati ufficiali, la compagnia avrebbe dovuto essere completamente equipaggiata con tutti e 16 i carri. Si presume comunque che disponesse di almeno una dozzina di veicoli, poiché un numero inferiore risulterebbe incompatibile con le perdite registrate negli ultimi scontri in cui l'unità fu coinvolta.

La 121ª Compagnia di carri armati leggeri, operava in supporto alla 10ª Brigata di cavalleria (10. BK). La sua missione principale era quella di affiancare la cavalleria motorizzata polacca in operazioni di contenimento e rallentamento contro due divisioni corazzate tedesche nei monti a sud della Polonia, a partire dal 1° settembre 1939.

▲ Colonna corazzata polacca in grande spolvero poco prima della tragedia. Archivio Polacco.

Data la limitata disponibilità di unità corazzate, la 121ª Compagnia venne inizialmente mantenuta in riserva. Successivamente, insieme a due compagnie di tankette, fu impiegata come una sorta di "forza d'intervento rapido", intervenendo nei punti più critici del fronte per contrastare le avanzate nemiche.

Il 3 settembre 1939, i carri armati della compagnia parteciparono a un contrattacco lungo la strada Krzeczów-Skomielna, riuscendo per due volte a respingere le truppe di fanteria della 2ª Divisione corazzata tedesca, che minacciavano il fianco del 10° Reggimento fucilieri a cavallo.

Il giorno seguente, il 4 settembre, i carri della 121ª supportarono ancora l'attacco del 24° Reggimento Lancieri al villaggio di Kasina Wielka, operando in collaborazione con la 101ª Compagnia Carri da Ricognizione. Durante lo scontro, contribuì a fermare l'avanzata di unità della 4ª Divisione Leggera e della 3ª Divisione da Montagna tedesche. In quella giornata, le forze tedesche subirono la perdita di tre carri armati e due autoblindo. La resistenza polacca riuscì a fermare l'avanzata nemica, sebbene al costo di due carri armati Vickers e di alcune tankette. Nei giorni successivi, la compagnia continuò a combattere con intensità, subendo ulteriori perdite. Il 6 settembre, durante uno scontro nel villaggio di Trzciana, nei pressi di Wiśnicz, un altro carro armato venne distrutto.

L'8 settembre, durante una ritirata notturna, i carri armati della compagnia, posizionati in retroguardia, rimasero senza carburante nei pressi del villaggio di Przyłęk, a est di Mielec. Questo episodio comportò la perdita degli unici carri armati operativi del 10° Battaglione Corazzato (10.BK).

La compagnia riuscì tuttavia a reperire del carburante di fortuna nei villaggi circostanti, ma la quantità non fu sufficiente per tutti i mezzi. Solo tre carri armati riuscirono a raggiunse Kolbuszowa la sera dell'8 settembre. Successivamente, il comando delle forze corazzate dell'esercito di Cracovia ordinò loro di spostarsi a Nisko, oltre il fiume San, dove furono assegnati alla 6ª Divisione di Fanteria per rafforzare il morale delle truppe. Il 13 settembre, furono nuovamente trasferiti alla 21ª Divisione di Montagna, facente parte del gruppo operativo "Boruta". Il 15 settembre, parteciparono alla battaglia di Oleszyce contro la 45ª Divisione di Fanteria tedesca. Purtroppo, il 16 settembre, la 21ª Divisione, circondata, fu costretta alla resa. Durante gli scontri, un carro armato fu distrutto dall'artiglieria vicino a Koziejówka, mentre gli altri due caddero in mano tedesca. Il resto della 121ª Compagnia raggiunse Kolbuszowa il 9 settembre, dove fu impegnata nella difesa della città contro la 2ª Divisione Panzer tedesca. I combattimenti, durati tutto il pomeriggio e la sera, causarono perdite significative da entrambe le parti. La compagnia polacca perse tre veicoli mentre copriva la ritirata delle truppe polacche verso il fiume Łęg. Nonostante le perdite, l'unità

▲ Immagine suggestiva che rimanda alle difficoltà di una nazione invasa brutalmente. Archivio Polacco.

continuò a combattere al fianco della 6ª Divisione di Fanteria "Boruta". Secondo alcuni rapporti, sei carri armati presero parte a ulteriori scontri, in particolare durante l'attraversamento del fiume Tanew e gli attacchi a Narol e Bełżec tra il 17 e il 18 settembre. Arrivati a quel punto però, la compagnia era ridotta a tre carri armati e circa venti uomini, ma il loro spirito combattivo rimase intatto, ma nei fatti cessando di esistere come forza in grado di contrapporsi alle forze corazzate germaniche.

Le vicende belliche della 12ª Compagnia carri leggeri

La seconda unità corazzata polacca a impiegare i carri armati Vickers fu la 12ª Compagnia di carri armati leggeri della Brigata Corazzata Motorizzata di Varsavia (WBP-M), guidata dal capitano Czesław Blok, un ufficiale determinato ma consapevole delle limitazioni del suo equipaggiamento. Durante la mobilitazione, solo quattro dei loro carri armati—quelli del comandante della compagnia e dei comandanti di plotone—furono equipaggiati con apparecchi radio, un lusso raro per le forze polacche dell'epoca. Questi dispositivi, però, si rivelarono più un simbolo di speranza che uno strumento efficace, data la confusione e il caos che avrebbero caratterizzato i giorni a venire.

Agosto e le prime settimane di settembre del 1939 trascorsero in un frenetico addestramento lungo la riva destra della Vistola. I motori dei Vickers rombavano nella calura estiva, mentre gli equipaggi, sudati e ansiosi, si esercitavano in manovre che sapevano essere poco più di un pallido riflesso della potenza di fuoco e della coordinazione delle forze tedesche. La Brigata era consapevole di essere un'isola di modernità in un mare di antiquati mezzi e tattiche, ma anche i Vickers, pur avanzati per gli standard polacchi, erano già obsoleti rispetto ai Panzer tedeschi.

Il 13 settembre, la 12ª Compagnia entrò in azione per la prima volta, contro la testa di ponte tedesca sulla Vistola vicino ad Annopol. L'attacco, però, si trasformò in un disastro. Senza il supporto della fanteria, i carri armati polacchi avanzarono troppo rapidamente, esponendosi al fuoco concentrato dei cannoni anticarro della 4ª Divisione Leggera tedesca. Due Vickers furono ridotti a rottami fumanti, mentre gli altri, in ritirata, furono scambiati per nemici dalla fanteria polacca e mitragliati. Solo alcuni membri degli equipaggi riuscirono a salvarsi, feriti e sconvolti.

▲ Un equipaggio polacco attorno al suo 7TP a due torrette durante il settembre del 1939. Archivio Polacco.

CARRO LEGGERO 7TP A TORRETTA SINGOLA, POLONIA 1939

▲ Carro leggero 7TP - del 2° battaglione di carri leggeri, Polonia, settembre 1939.

Nei giorni seguenti, la situazione peggiorò. I carri armati, già logorati dall'uso intensivo, iniziarono a guastarsi. Sei Vickers dovettero essere abbandonati lungo le strade fangose della Polonia orientale, mentre la carenza di carburante diventava un problema sempre più pressante. Gli equipaggi, esausti, combattevano non solo contro i tedeschi, ma anche contro la logistica disastrosa e la mancanza di rifornimenti.

Il 17 settembre, mentre l'Unione Sovietica, unendosi ai tedeschi, invadeva la Polonia da est, due Vickers superstiti furono impegnati in uno scontro con due autoblindo tedesche vicino a Krasnobród. I cannoni dei Vickers fecero fuoco, distruggendo i veicoli nemici in un breve ma intenso scambio di colpi. Fu una piccola vittoria, un raggio di luce in un panorama sempre più oscuro.

Ma il destino della Brigata era segnato. La battaglia di Tomaszów Lubelski, combattuta tra il 18 e il 20 settembre, fu l'ultimo, disperato tentativo di sfondare verso Leopoli. Gli otto Vickers rimanenti, insieme a un pugno di tankette e carri armati 7TP, supportarono gli assalti della fanteria polacca contro le posizioni tedesche. I combattimenti furono furiosi: i carri armati polacchi avanzarono sotto il fuoco nemico, i loro cannoni da 47 mm cercando di aprire un varco nelle linee nemiche. Ma i Panzer tedeschi e i cannoni anticarro erano troppo numerosi. Uno dopo l'altro, i Vickers furono colpiti e distrutti. All'alba del 20 settembre, solo un solitario 7TP era ancora operativo. La Brigata, ormai ridotta a un'ombra di sé stessa, fu costretta alla resa.

I restanti carri armati Vickers, quelli non assegnati alla 12ª Compagnia, seguirono un destino altrettanto tragico. Radunati nel 3° Centro di Riserva delle Armi Corazzate (OZ 3), alcuni di essi furono distrutti dai carri armati sovietici durante l'invasione da est. Altri, abbandonati per guasti meccanici o mancanza di carburante, caddero nelle mani dei tedeschi o dei sovietici. Nessuno di questi mezzi fu mai riutilizzato dai vincitori: i tedeschi li consideravano obsoleti, mentre i sovietici li studiarono brevemente prima di relegarli alla storia.

▲ Dopo soli trentasei giorni di inaudita resistenza, le forze armate polacche dovettero capitolare. Archivio Polacco.

CARRO LEGGERO 7TP A TORRETTA SINGOLA, POLONIA 1939

▲ Carro leggero 7TP - del 3° battaglione di carri leggeri, Polonia, settembre 1939.

▲▼ Queste due immagini sono particolarmente significative della tragedia polacca. Sopra: i carri 7TP dell'armata polacca sfilano orgogliosi davanti alle autorità nazionali a Varsavia. Sotto: stesso posto, sempre nella capitale polacca, ma stavolta a sfilare sono i carri 7TP ai quali gli occupanti tedeschi hanno applicato i loro simboli, al fine di reimpiegarli (fino al 1941) nelle loro forze armate. Archivio Polacco.

CARRO LEGGERO 7TP A TORRETTA SINGOLA, POLONIA 1939

▲ Carro leggero 7TP - a torretta singola, 2a compagnia di carri armati leggeri, operativo nel settore Wola, Polonia, 13 settembre 1939.

MIMETICHE E SEGNI DISTINTIVI

■ MIMETICA INIZIALE

Tra il 1932 e il 1936, i veicoli corazzati polacchi utilizzarono un primo schema mimetico, comunemente chiamato: "mimetica giapponese" in Polonia. La sua fonte normativa non è stata finora rinvenuta negli archivi; pertanto, vi sono alcuni dubbi sui colori utilizzati. Secondo le ultime ricerche, basate sull'esame di oggetti museali, consisteva in grandi macchie irregolari di sabbia giallastra, verde oliva e grigio-blu chiaro, separate da sottili strisce nere; il grigio-blu era la tonalità più chiara. Le pubblicazioni tradizionali citavano comunemente il colore marrone scuro al posto del grigio-blu e consideravano la sabbia la tonalità più chiara. Inizialmente esisteva uno schema standard di macchie, ma molti carri armati presentavano schemi diversi o avevano alcuni colori invertiti. L'interno era grigio-blu, le superfici interne dei portelli erano mimetizzate.

Prima dell'introduzione della mimetizzazione "giapponese", cinque TK-3 "di ferro" della prima serie furono sperimentalmente verniciate con macchie bianche e nere, cinque con macchie grigio-blu e cinque con macchie gialle e verdi.

■ MIMETICA TARDIVA

A partire dal 1936 fu introdotto un nuovo schema mimetico standard a tre colori per tutti i veicoli militari polacchi. Consisteva in macchie irregolari di sabbia grigiastra e marrone scuro (seppia) aerografate su un colore di base verde oliva. Le macchie avevano transizioni morbide, la loro forma era principalmente orizzontale, spesso quasi rettangolare o romboidale. Non esisteva un modello standard di patch, anche se i modelli utilizzati erano simili (le istruzioni fornivano esempi di viste solo della parte anteriore e destra della TKS). Spesso le macchie creavano una sorta di scacchiera, soprattutto sui veicoli della tarda serie. Le transizioni tra i colori sono spesso poco evidenti nelle foto in bianco e nero. Gli interni erano dipinti di sabbia, compresi i portelli.

Quasi tutte le tankette vennero ridipinte con la nuova mimetica alla fine degli anni '30, solo alcune tankette utilizzate come draisini corazzati dei treni blindati e forse alcuni veicoli da addestramento rimasero con la vecchia mimetica nel settembre 1939.

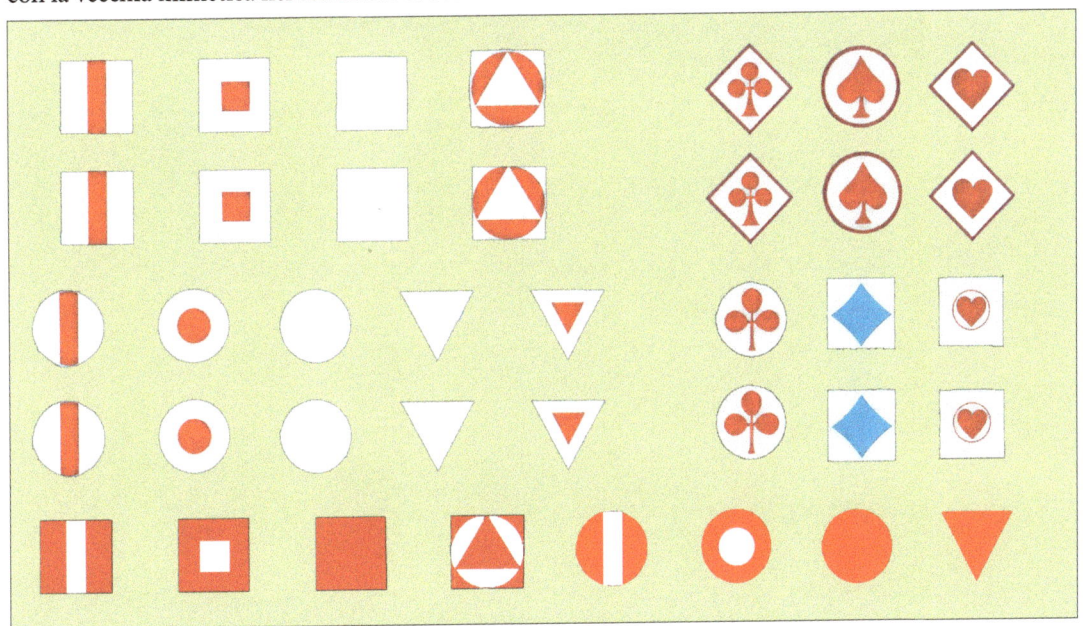

▲ Vari segni distintivi dei carri polacchi. Come i francesi, anche i polacchi adottarano i semi delle carte.

CARRO LEGGERO POLACCO 7TP

SIMBOLI DISTINTIVI

Dall'inizio degli anni '30 fino al 1939, i veicoli corazzati polacchi non portavano alcun segno di nazionalità. Prima della guerra, venivano utilizzate insegne tattiche in lamiera attacate a scopo di addestramento - dischi (il 1° plotone), triangoli (il 2°) o quadrati (il 3°). Le insegne erano bianche con una striscia verticale rossa per il comandante di plotone, o con un piccolo disco, triangolo o quadrato rosso all'interno per il comandante in seconda. I comandanti di squadriglia avevano un'insegna con un triangolo in un cerchio in un quadrato. I loro colori potevano anche essere invertiti.

Nel settembre 1939, le tankette generalmente non portavano alcuna insegna. L'uso di qualsiasi insegna era proibito in caso di guerra dal regolamento del 1938, tuttavia si conoscono diverse foto di tankette catturate nel settembre 1939, che portavano ancora insegne tattiche. Le foto del 1939 mostrano anche alcuni casi di insegne non ufficiali di unità e forse individuali dipinte sulle tankette (il Grifone di Pomerania per i TK-3 dell'81ª Unità Corazzata, le frecce per i TK-3 di un'unità sconosciuta, il cavallo a dondolo - forse su un carro della 10ª Brigata di Cavalleria, e una foto di una mano armata di spada sul TK-3). I numeri di immatricolazione a quattro cifre furono dipinti solo sulle targhe anteriori fino al 1936, poi le targhe con i nuovi numeri furono riportate all'interno.

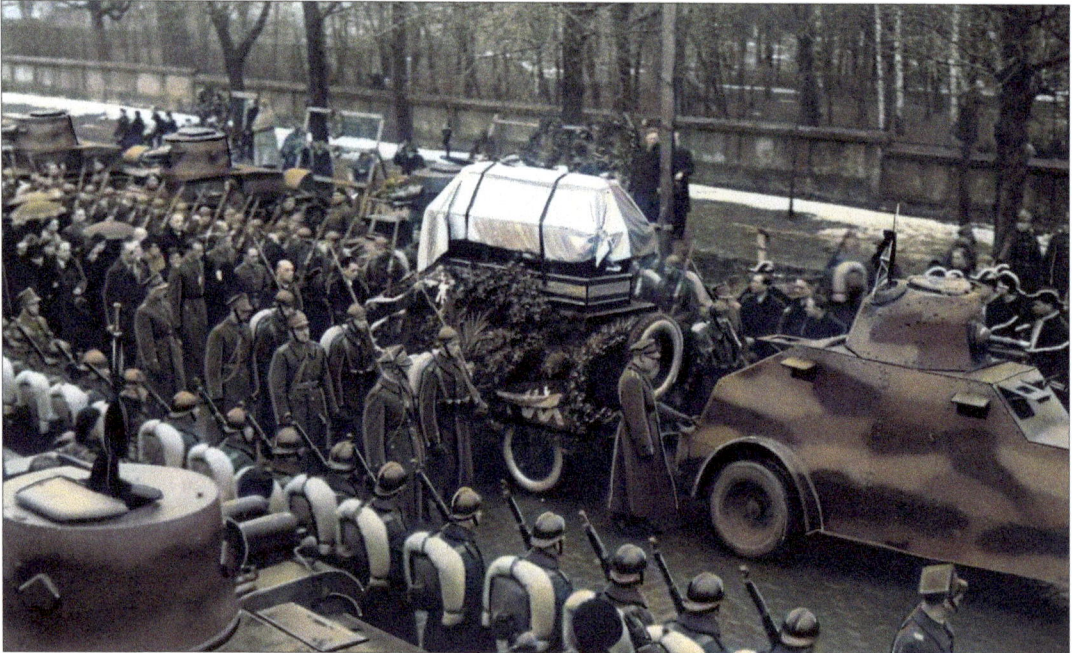

▲ Mezzi militari polacchi, fra cui diversi 7TP con cannone Vickers in tenute mimetiche.

ALTRI UTILIZZATORI

Oltre la Polonia, ovviamente principale utilizzatore il carro interessato, alcuni paesi come l'Estonia ed alcuni paesi balcanici; tuttavia, il precipitare degli eventi bloccò sul nascere qualsiasi mercato in tal senso.

• **Paesi interessati**: attorno al 1938 In quel periodo, la Polonia cercò anche di entrare nel mercato offrendo le sue versioni del carro leggero 7TP. Furono allora seguite e valutate diverse opportunità di esportazione verso vari paesi, tra cui l'Estonia (4 unità nel 1937, ma l'accordo fu annullato), la Turchia (nel 1938, con un accordo di licenza che non fu mai finalizzato a causa dell'esito disastroso della guerra), la Jugoslavia e la Grecia (per un totale di 36 unità).

• **Germania**: dopo la fine di Fall Weiss (caso bianco) cioè della campagna militare in Polonia, il Terzo Reich catturò la maggior parte dei mezzi militari polacchi. Questi veicoli furono inizialmente riutilizzati sporadicamente tra il 1940 e il 1941. Tutti i mezzi e ovviamente anche i carri leggeri /tP e le loro varianti, soprattutto il trattore d'artiglieria vennero ridipinti nel colore standard dei veicoli corazzati (Panzergrau) e dotate di croci nere e bianche come simboli di riconoscimento. Ricevettero anche la nuova denominazione di Pzkpfw 7TP (p) (dove "p" sta per polnische, ovvero polacco in tedesco).
I carri leggeri specialmente furono fatti sfilare durante la parata della vittoria tenuta a Varsavia l'8 ottobre. Successivamente, essi sarebbero stati adibiti a carri da polizia o assegnati al traino di pezzi d'artiglieria.

• **Unione Sovietica**: i sovietici, entrati successivamente nell'invasione della Polonia catturarono uno o pochi più 7TP monotorretta e li testarono tra il 1939 e il 1940 a Kubinka; tuttavia, pare che non ne fossero stati impressionati e abbandonarono la cosa.

SCHEDA TECNICA			
	Vickers tipo A	**Vickers tipo B**	**7TP**
Lunghezza	4,88 m	4,88 m	4,56 m
Larghezza	2,41 m	2,41 m	2,41 m
Altezza	2,08 m	2,17 m	2,27 m
Peso	7,2 tonnellate	7,34 tonnellate	9,9 tonnellate
Equipaggio	3	3	3
Motore	Armstrong-Siddeley 4 cilindri da 80 CV	Armstrong-Siddeley 4 cilindri da 80 CV	Saurer VGLD o VBL-Db diesel a 6 cilindri
Velocità massima	37 km/h	37 km/h	37 km/h
Sviluppata da	Vickers-Armstrong Ltd	Vickers-Armstrong Ltd	PZI su licenza
Entrata in servizio	1932	1934	1938
Spessore corazza	5-13 mm	5-13 mm	13-17 mm
Armamento	2 Browning da 7,92 mm WZ.30 successivamente	Cannone Vickers da 4,7 1 Browning da 7,92 mm	1 cannone Bofors WZ. 36 da 37mm
Esemplari	38	22	132

CARRO LEGGERO 7TP A TORRETTA SINGOLA, CATTURATO DAI TEDESCHI 1939

▲ Carro leggero 7TP a torretta singola, fra i primi ad essere catturato e subito riconvertito con la veloce colorazione di svastiche sul suo chassis e messo subito in combattimento. Polonia, settembre 1939.

PERISCOPIO GUNDLACH

Il Periscopio Gundlach rappresentò una svolta rivoluzionaria nel campo della tecnologia militare. Progettato dall'ingegnere polacco Rudolf Gundlach, questo dispositivo fu introdotto per la prima volta nei carri armati polacchi 7TP già a partire dalla fine del 1935 e brevettato l'anno successivo con il nome di **Peryskop obrotowy Gundlacha** (Periscopio rotante Gundlach). La sua innovazione principale risiedeva nel permettere al comandante del carro armato di ottenere una visuale completa a 360 gradi senza dover cambiare posizione. Grazie a un sistema a doppio oculare, il comandante poteva ruotare il periscopio e osservare l'area retrostante semplicemente guardando attraverso il secondo oculare, eliminando la necessità di spostarsi fisicamente all'interno della torretta. Questa caratteristica era particolarmente utile nei primi carri armati, dotati di torrette strette e sedili fissi, che rendevano difficile l'uso di più periscopi o di una cupola rotante indipendente.

Nello stesso anno, il periscopio Gundlach fu ufficialmente adottato dall'esercito polacco con la denominazione "Periscopio reversibile G wz. 34". Inizialmente impiegato sulle tankette TKS, trovò poi ampio utilizzo nei carri leggeri 7TP. Poco prima dello scoppio della Seconda Guerra Mondiale, il progetto fu condiviso con gli inglesi, che lo integrarono nei loro carri armati, tra cui: Crusader, il Churchill, il Valentine, il Cromwell e, successivamente, anche nell'americano M4 Sherman. Dopo l'invasione tedesca e sovietica della Polonia del 1939, molti carri armati polacchi equipaggiati con il periscopio Gundlach furono catturati. Questo permise a Germania, URSS e Romania di copiare l'invenzione e di utilizzarla a loro volta. In particolare, i sovietici lo adottarono con il nome di MK-4, e lo implementarono in massa nei loro carri armati, inclusi i celebri T-34 fino al moderno T-70.

La diffusione del periscopio Gundlach fu favorita anche dalla cooperazione militare tra Polonia e Regno Unito prima della guerra. Il brevetto fu infatti venduto alla Vickers-Armstrong per la cifra simbolica di uno zloty, e il dispositivo divenne uno standard per i carri armati britannici. Dopo la guerra, questa tecnologia si diffuse a livello globale, rimanendo in uso pressoché invariata per quasi 50 anni, fino a quando non fu gradualmente sostituita da sistemi elettronici più avanzati.

Il periscopio Gundlach non fu solo un'innovazione tecnica, ma un simbolo dell'ingegno polacco che, nonostante le tragiche vicende belliche, riuscì a lasciare un'impronta duratura nella storia della tecnologia militare.

▲ Il periscopio Gundlach, un'interessante invenzione polacca.

CARRO LEGGERO 7TP A TORRETTA SINGOLA, CATTURATO DAI TEDESCHI 1940

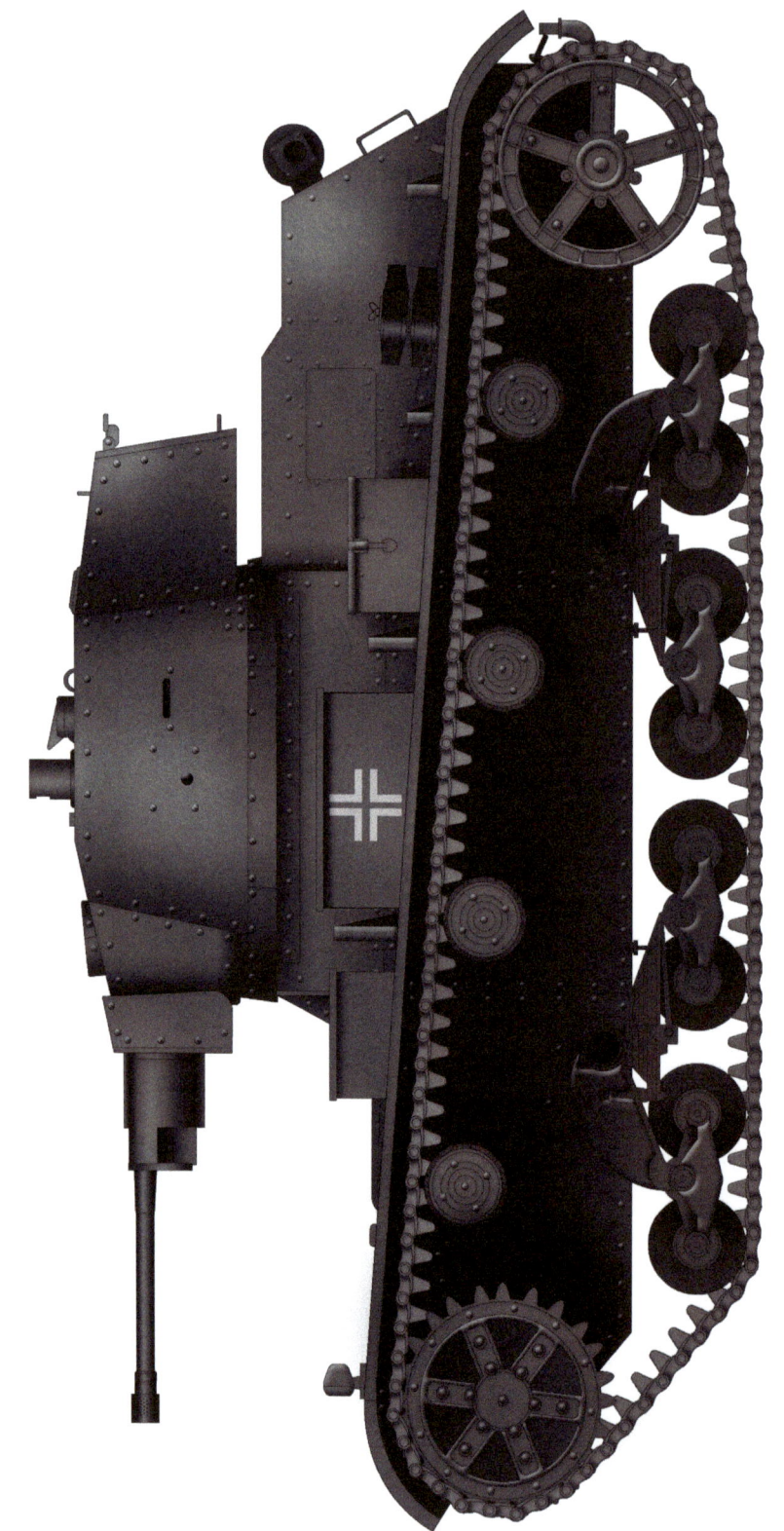

▲ Carro leggero 7TP uso tedesco rinominato come Pzkpfw 731(p), che prestò servizio in Francia nel maggio-giugno 1940, e successivamente in Norvegia. Altri furono inviati per la polizia e la guerra antipartigiana nei territori occupati in Bielorussia e Ucraina.

▲ Rivista militare dello Stato maggiore polacco ad una formazione corazzata di carri leggeri 7TP.
▼ Due immagini di carri polacchi 7TP a torretta singola catturati e osservati da parte delle truppe tedesche.

CARRO LEGGERO POLACCO 7TP

CARRO LEGGERO 7TP A DOPPIA TORRETTA, CATTURATO DAI TEDESCHI, POLONIA 1940

▲ Carro leggero 7TP - a torretta doppia ad uso tedesco come PzKpfw 7TP(p) dell'unità di polizia, Governtorato Generale polacco, primavera 1940.

▲ Soldati tedeschi ispezionano un Vickers Type B abbandonato dalla 121ª compagnia carri leggeri scoperto a Kasina Wielka, nella Polonia meridionale.

▼ Carro armato polacco 7TP catturato dai tedeschi ed esposto alla fiera di Lipsia nel 1940 a beneficio del pubblico tedesco. La canna del cannone del carro appare priva di freno di volata. Bundesarchiv.

CARRO LEGGERO POLACCO 7TP

CARRO LEGGERO 7TP A TORRETTA SINGOLA, USO TEDESCO 1942

▲ Carro leggero 7TP - a torretta singola, della Polizei Panzer Kompanie "Ost" Bielorussia, estate 1942.

▲ Soldati tedeschi osservano due carri 7TP appena catturati. Foto archivio Péter Mujzer.

▼ Un carro 7TP già utilizzato dai tedeschi e poi abbandonato in falle. Foto archivio Péter Mujzer.

CARRO LEGGERO POLACCO 7TP

CARRO LEGGERO 7TP A TORRETTA SINGOLA, USO TEDESCO 1943

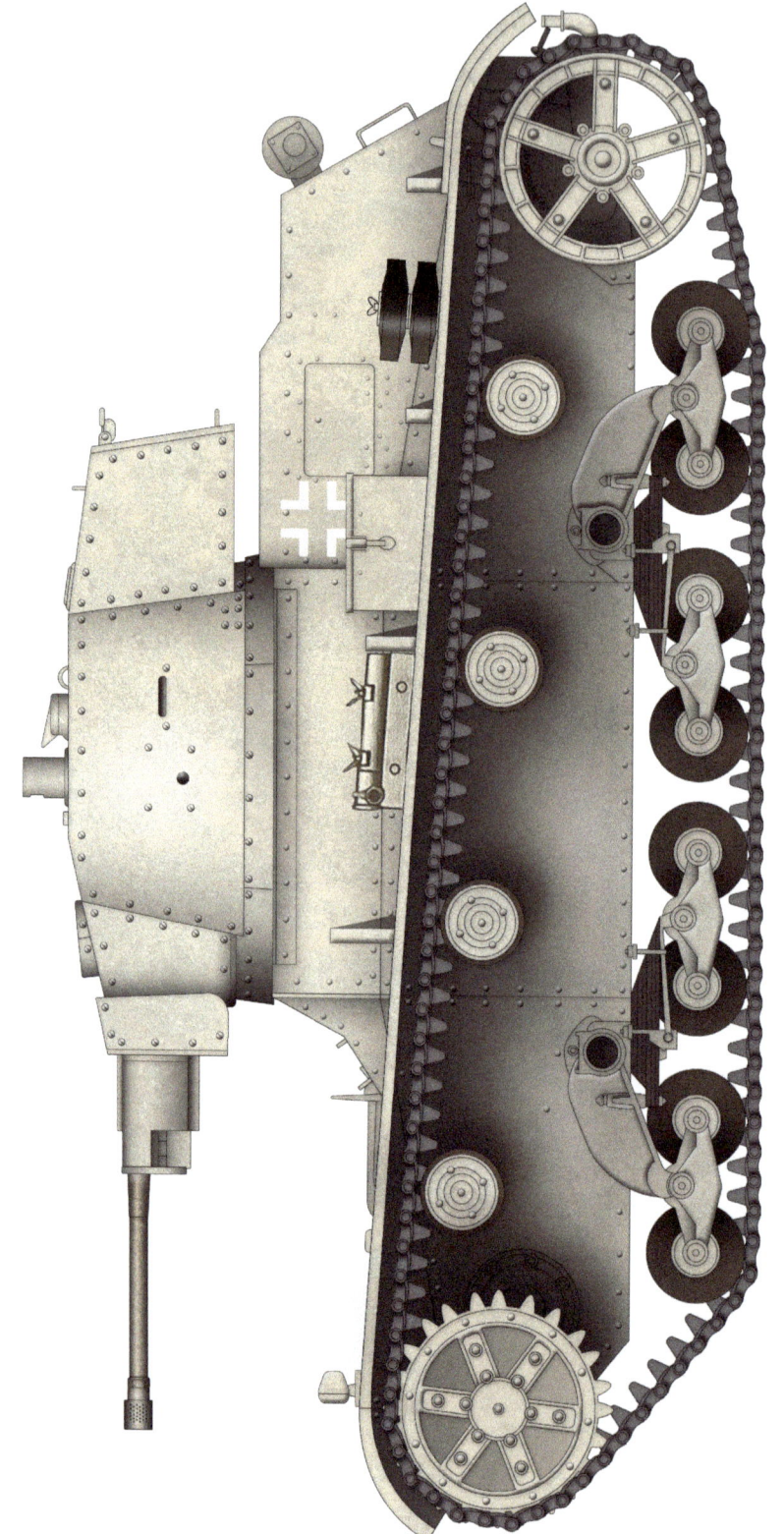

▲ Carro leggero 7TP - a torretta singola, tedesco rinominato come Pzkpfw Polizei Panzer Kompanie "ost", Russia 1943.

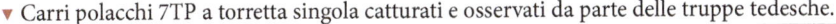
▲ Due carri 7TP a torretta singola messi fuori combattimento nel settembre del 1939 durante l'operazione Fall Weiss.
▼ Carri polacchi 7TP a torretta singola catturati e osservati da parte delle truppe tedesche.

CARRO LEGGERO POLACCO 7TP

CARRO LEGGERO 7TP A TORRETTA SINGOLA, USO TEDESCO 1943

▲ Carro leggero 7TP - a torretta singola, tedesco rinominato come Pzkpfw Polizei Panzer Kompanie "ost", fronte orientale 1943.

CARRO LEGGERO POLACCO 7TP

▲ Il 7TP non fu un "Beutepanzer" particolarmente utilizzato dai tedeschi. Fu recuperato in diverse decine di unità nel 1939 e da questi riutilizzato per compiti di ricognizione, polizia e maggiormente come trattore d'artiglieria con la variante C7V.

BIBLIOGRAFIA

- Barbarski, Krzysztof: *armi corazzate polacche 1939-45*. Londra, Osprey Publications, Vanguard 30, 1982.
- David R. Higgins: *Panzer contro 7TP, Polonia 1939*. Oxford, Osprey Publishing, 2015.
- Jonac, Adam: *Pojazdy Mechaniczne Wojska Polskiego 1939*. Warsawa, ZP Grupa, 2010.
- Jonac. - Szubanski R. - Tarczynski J.: *Pojazdy Wojska Polskiego 1939*. Varsavia, WKL, 1990.
- Magnuski, Janusz: *Czolg Rozpoznawczy TK(TKS)*. Varsavia, MON, 1975.
- Magnuski, *"Czołg lekki 7TP" vol.I,* Militaria, 1996;
- Janusz Magnuski, *"7TP vol.II",* Militaria (317), Warsaw 2009.
- L. Komuda, *"Polski czołg lekki 7TP",* TBiU nr 21, 1973;
- A. Jońca, R. Szubański, J. Tarczyński, *"Pojazdy Wojska Polskiego 1939",* WKŁ, 1990;
- J. Magnuski, *"Produkcja czołgów 7TP 1935-39 r.",* nTW 12/1996;
- J. Magnuski, *"Angielski lekki czołg Vickers Mark E w polskiej służbie",* nTW 5/1999;
- R. Szubański, *"Polska broń pancerna 1939",* wydawnictwo MON, 1982;
- Nigel Thomas: *Hitler's Blitzkrieg Enemies 1940*, Oxford, Osprey Publication, 2014.
- Prenat, Jamie: *Polish Armor of the Blitzkrieg*, Oxford, Osprey Publications, New Vanguard 224, 2015.
- Surhone Lambert: *TKS: Tankette, Carden Loyd tankette, Invasion of Poland, Machine Gun, Panzer I, Panzer 35(t), Polish Army Museum, Kubinka Tank Museum*
- S. J. Zaloga- Madej, Victor: *The Polish Campaign 1939*, New York, Hippocrene Books, 1991.
- S. J. Zaloga (2003) *Poland 1939 The birth of Blitzkrieg,* Osprey Publishing
- Walter J. Spielberger, Hilary Louis Doyle: *Beute-Kfz und Panzer der Wehrmacht* – Motorbuch Verlag,
- Paweł Rozdżestwieński: *Czołg Lekki 7TP. In: Wielki Leksykon Uzbrojenia Wrzesień 1939. Band 1.* Edipresse Polska, Warschau 2012,
- Jędrzej Korbal: *Czołg 7TP i wyposażenie cz.1. In: Wielki Leksykon Uzbrojenia Wydanie Specjalne. Band 6.* Edipresse Polska, Warschau 2019, I
- Jędrzej Korbal: *Czołg 7TP i wyposażenie cz.2. In: Wielki Leksykon Uzbrojenia Wydanie Specjalne. Band 7.* Edipresse Polska, Warschau 2019.
- R. Szubański, „*Polska broń pancerna 1939*", wydawnictwo MON, 1982.
- Wielki Leksykon *Uzbrojenia Wrzesień 1939 Tom 1. Czołg lekki 7TP*
- Waldemar Trojca - *Polski Wrzesień 1939 Foto album*. Trojca Katowice 2002
- J. Ledwoch (2009) *Vickers 6-ton E/F,* Militaria
- J. Ledwoch (2009) *Vickers 6-ton E,* Militaria
- B. T. White, *British Tanks 1915-1945,* Ian Allan LTD.
- D. H. Higgins (2015) *Panzer II vs. 7TP,* Osprey Publishing
- T. A. Bartyzel and A. Kaminski (1996) *Polish Army Vehicles 1939-1945*, Intech 2.
- C. Czolg, *Armor in Panzerne Profile 1*, PELTA.

TITOLI PUBBLICATI

TWE-036 IT